술 취한 밤은 모슬포로 향하고 있다

술 취한 밤은 모슬포로 향하고 있다

2006년 7월 15일 초판 1쇄 발행

지은이 김나인
펴낸이 윤영진
디자인 이경훈
펴낸곳 도서출판 심지
등록 제 253호
주소 300 -170 대전광역시 동구 삼성동 125-2 4층
전화 042 635 9942
팩스 042 635 9941

전자우편 simji42@hanmail.net

ISBN 89-91109-34-9 03810
값 6,000원

술 취한 밤은 모슬포로 향하고 있다

김나인 시집

심지

□ 시인의 말

귀에 벌레 한 마리 키우고 있다
속살을 발라낸 고엽
바람에 쓸리는 검붉은 속살에
이슬처럼 눕고 싶다
사랑하라 하면
숲을 따라 달아나는
푸르런 잎사귀에 볼을 부비며
이별하라 하면
유리글라스에 넘치도록 술을 따르고
그래도 부족하시다 함은
내가 저 담장 귀퉁이에
흙벽으로 갈라지는
그 틈새에
귀를 파먹는 벌레
귀를 지르라하겠습니다

차례

제3부 성글은 날은 속살을 발라내고 싶다

제1부
슬픔은 왜 잠들기 전에 오는가

슬픔은 왜 잠들기 전에 오는가

밤이 늦도록 술을 퍼 마셨다
꽃이 배꼽에 필 줄 알았다
술잔의 술을 다 비운 다음에야
릴케가 말한 천사의 날개를 부러뜨리고 나서야
봄은 화냥년의 붉은 입술처럼
입맞춤에 오는 듯하였다
천둥은 왜 술을 기울여야 오는 것인가?
담배가 떨어지고 빈주머니 속에
손이 헤매도록 그냥 놓아두는 것일까?
하늘을 처음 올려다보는 순간 처녀막이 사라지고
5미리의 두꺼운 각목이 목에 솟대처럼 세워지고
빛이 남을 것 같지 않은 손 안에
지문 같은 변방으로 나뒹굴며 속하는 것은
이제는 삭혀야 할 것도
지문의 줄기에 수분 함량 같은 잔뿌리들이
귀빠진 날 뒤로 흔드는 모순일지라도
문 밖을 나서서 씨앗을 품은 귀가가 있었던가?
찾던 것은 겨드랑이 아래로 더듬는

침묵의 수염들

말짱 거짓이었다

그래서 머리칼이 새치되도록 펴마셨다

술 취한 밤은 모슬포로 향하고 있다

개미핥퀴 긴 혀로
땅에 버려진 밥톨을 줍는다.
밥톨은 방게처럼 기어가는 것이기에
놓아두면 흐르던 강물줄기의 물빛이었으므로
짧은 혀가 타고르의 고뇌와 같이 찌릿한
파도를 육지에 담아서고, 이제야
누런 황토 빛깔의 잎새와 같이 가는 것들일랑
이백십 원짜리 우표를 붙여 주고
하늘 택배에 전화를 건다.
저기요, 길바닥 모슬毛蝨 없는 웅덩이에
고스란히 고엽들로 파도에 휘슬을 불어
둥둥 고목의 그림자로 스러질 것 같은 외로움을
알겠거든,
주저 없이 흙 빛깔의 집게로
눈알을 뽑아 삼키소서.
그래 그래야만 원시적인 고독을
코가 킁킁 내 안의 탄내 훔치며
입맞춤을 가슴에 벌렁대도록 묵힘이야

노새의 두 눈동자의 시선에 길들여지는 것과 같다는 것을,

비바람이 지나고 배꼽 위가 들춰지는 잎들에

수없는 따귀에 맺은 꽃잎의 떨림을

걱정해서가 아니라

땅을 조금씩 파먹는 귀엣밥이라서

천변天邊은 비포장 개미걸음

혀 짧은 소리라서 그런 것입니다.

짠내가 나지 않는 바다

줄포 IC를 빠져나와
내소사의 개암사 직소폭포 봉래구곡 망포대
남포 곰소 채석강 격포 변산 언독 신기 부안에 이르기까지
짠내음이 나지 않는 겐지스강이 흐른다
갯내음도 누군가 봄 지나는 길에 푸르게 씻었나보다
어떤 이는 육체를 씻어 영혼을 맑게
어떤 이는 부모를 화장하며
슬픈 짓도 하지 않고
목이 타는 소는 활엽수 혓바닥으로
갈증을 고패질하며
톱날의 석벽은 파도의 살코기를 한 근 썰은
썰물 소리만 남은 것이고
수평선으로 사라지는 것은
붉은 잎사귀를 몰고 온 새떼들뿐
나비처럼 지쳐 죽어가기는 마찬가지다
조가비는 모래밭에 귀를 묻어가고
「우리는밥을원하고있다그렇지않아도염병할놈의자식

들과함께춤을추고노래하며지옥으로떨어지는것들과」

귀엣말을 한다
쓸쓸함은 비늘이 없어 비릿하지 않기 때문에
바다는 짠내가 나지 않는다

그래서, 그날 밤 겐지스강의 몸살을 훔쳐온 나는
담배 한 모금과 술 한 잔에
쥐고 흔드는 악몽에 내내 시달렸다

내 품에 달려든 밤은
볼따귀와 가슴을 핥으며
질퍽한 침만 남겼다.

원고청탁서

봄이 길 위에 쓰러진 오후, 우편함에 편지 한 통 꽂혀 있었어요

능소화담장넘어푸른들을보고저만치피어나다우리들의주검을꽃으로되돌려놓고바람을몰고오는성글은이름에서글픈억새풀냄새가그리운당신

보낸 사람이었어요.

반듯한 명조체에 *거기여기요하고불러도이름뿐인것이능성이밭고랑에파도가치며안타까운청춘이기에불려지는공통된언어여*

귀하라고 적혀 있었지요, 이곳은 제가 사는 하나뿐인 주소지랍니다

반송을 할까 고심에 날이 새고 변한 것 없기에 또 고심을 하였지요, 봄은 축제 분위기고 저는 밥을 먹고 흰 봉투에 적힌 명조체를 또 읽어 내려갔지요. 그 글씨체가 필기체이었다면, 저는 덜 걱정하는 마음으로 봉투를 열었겠지요. 봉투 안에는 작년에 떨어진 낙엽 하나 있고요, 모란이 그려진 편지지에, 명조체로 간단명료하게 몇 글자 적혀

있더군요.

우리는자연의사채를빌어살고있다지요날마다그대의봉급에서이자와원금을십퍼센트만내시고이달말에청구되는세금에영수증발급없는수필한편은행에내어주시구려

하고 써 있었어요.

언제 썼는지는 모르겠으나 영구차에 실려 가는 그 수필을 써다오, 하고 간곡히 부탁드립니다.

그렇게 적혀 있었어요.

눈물 한 방울 짜내어
흰 봉투에 담아
하늘우표 붙이고
대부분 육지의 생명에 대해
몇 글자 적고 어리석음과 함께 동봉하여
빼꾸기에게 보냈습니다.
답장은 오지 않을 것입니다
그래서 저는 온종일 마당에 자생한
풀을 뽑으며 지쳐 있을 겁니다

원고청탁

님이 병病들어 황소 콧구멍 벌렁벌렁 울고 자풀 때에는
흙 빛깔의 붓 끝에 엷은 색을 덧씌우시고
별이 뿌리는 바탕의 대지로
유서 하나 바람이 긋는 대로 남겨주시고,
혹은, 지 멋대로의 사선을 함부로 그어도
누구 하나 불꽃이 게으름 보다 함부로
기름지지 않은
지방脂肪의 겉과 속에
숨쉴 겨를 없이
코끝에 흐르지 않는 무엇 하나 없으니,
병 수발을 들듯 석유는 타고
상심이 누운 병실에서
꽃병에 몇 개의 창살을 참빛으로 고운짓 한다, 하여
온전히 흔들리지 않는 목숨이 지천인데,
창고에 쌓아둔 눈과 귀에
엉덩일 까고 긴 꼬리로 후려쳐도 파리는
황소를 떠나지 않고 모여든다
그러니 저 세상으로 가기 전 짤막한 시詩 한 편

써두게나

167회 정월 대보름

임금님—
임금님 귀는 당나귀 귀!
억새밭에서 오돌오돌한 점자로 소리친다

KB국민은행 입구 앞에 서성이며
파도에 휩쓸려 떠내려가는 가벼운 낙엽 같은 것
밟혀도 바스락 소리조차 낼 수 없는 둔탁한 것
가벼이 뽑히지 않을 갈대뿌리 같은 것들
모두 태워진다 탄내가 난다
부비고 부딪히고 닳고 스치는
조급한 성깔의 창을 내밀고
창녀를 품을까, 정동진 가알까?
보약 한 첩 할까, 삼겹살에 소주 진창 하알까?

잡념에 구린내 난다 영혼이 열 개로 나뉘어진다

그래 그냥 그렇게 하자
그래 저래 그렇게 두자

흰 구름을 끼고 늪고 먹성 좋은 가시나 더듬거리며
식도로 빨려드는 메아리
임금님—
임금님 귀는 당나귀 귀!
보름달은 호두알처럼 껍질이 깨졌다, 노트북컴퓨터 안으로
토실한 알맹이만 입 속의 입으로 커서처럼 사라졌다 나타난다
이것 보시게, 바다 날물이 서면 갯벌에는
수 억만 개의 배꼽들이 살아있네, 그 중
정월 대보름달에 묻혀 평생 옆으로 걸을 수밖에 없는
당신, 당신에게—
저것 보시게,
함구허야허네 침묵허야허네
임금님 귀는 당나귀 귀 점자로 읽어야 하네
일백오십팔만일천일백이십칠원의 당첨금
일백이십삼만삼천오백칠원의 지급액
삼십일만육천이십원의 소득세

삼만일천육백원의 주민세
세 세 세 세금의 링거 꽂고
병실에 누워 앓던 병에 갑상선을 더 앓더라도
주검이 될 때까지 옆으로 걸어야 하네
풀숲의 잡초에 찌르레기 울음소리 밟히듯이
저 말이지요, 로또 당첨되었어요
씹이씹팔하구십펴의 번호로요
그것도 삼등으로 말입니다 뭐 할 꺼냐구요
에이비씨이디—
임금님 귀는 에이비씨이디!

나의 詩는

날마다 새로운 것이 뭐 그리 많겠습니까?
주어진 하루가 고마울 따름입니다
지금은 지천에 진달래꽃이
푸른 하야下野의 목을 쥐고
요리저리 흔들뿐인데
파릇한 야유야 어찌
행실의 바름을 들어
지조志操가 있다 합니까?
자유분방함이야말로 방종放縱이 아닌
지고지순한 어린 양羊에
불과할 따름이지요
그러니, 나의 시詩가 여리고
가벼이 읊어지는 것은
그런 까닭이 순백純白에
숨겨져 있기 때문입니다

사랑은 때론 용언에 붙고 싶다

고것만은 잊지는 말게나
비웃음 잊은 것 없이 떨떠름 없이
고것이 뒤에 오는 것
스스로 하나 둘 남김 없이
목숨을 끊는 계절에
파릇한 고것만 남긴 속설이라고
나그네가 묻거든 '지랄이다' 라고
화두話頭 없이
말하는 법을 배워야 하네
삶은 약속과 같은 조촐조촐 하는 것이라서
은근슬쩍 마음에 새긴 유서가 빛 바래면
잊는 법도 알아야 하네
무게는 애초부터 빛깔이었으므로
이슬이 스치는 부질 없는 말장난의 잎사귀에도
기껏 놀라지 말며
부끄럼 없는 모방에
두껍다리 아래로 흐르는 한 모금의 빛같이
주어진 짧은 시간 감춤 없이

석류처럼 영글어가는

여유의 법도 잊지는 말게나

내게 남은 것이라고는

간지러움 찾아 타클라마칸 사막으로 손길이 간다
손가락 마디에 힘주어 한동안 긁적였다
발꿈치에 분홍빛 진달래
오아시스를 찾기 위해 피었다
잎이 하나 둘 늘어 봇물 이룬다
오래지 않아 진달래꽃은 타클라마칸 모래폭풍에 스멀거리고
진 꽃잎을 보고 몰려든 개미떼
행렬을 이루며
서책을 꽂아 둔 책장 밀실로
물어 나른다
살 속 깊이 파고들어 피고 진 꽃잎과 초승달은
몸집 큰 황소를 사랑하다 말고
저 밀실의 창고로 운반 되었으리라,
새살이 돋기 시작한 것은 그 허물이
피멍을 내고 비스킷처럼 바싹 구워져
부스러기처럼 방바닥을 뒹굴 때부터였다
몸속 어딘가에 도사리고 있을

간지러움 온 데 간 데 없이 사라지고

활처럼 휘어버린 사구砂丘 뼈대만 앙상히,

다시 손톱을 깎는다

초승달이 방바닥으로 튕겨 나뒹굴다

이제 내 몸에서 몸살을 앓던 진달래꽃과 초승달

다 떨어져 나가버렸으니

남은 것은 간지럼 없는 더듬이 밖에 없어,

부지런한 개미떼에, 그마저 밀실의 창고로

운반되어진다

내게 남은 것이라고는 꽃을 잃은 모욕과

수치심을 모르는 고집뿐

개미 한 마리를 잡아

양손 검지로 바동거리는 타클라마칸 사막을 꾹 눌러 본다.

송현별장

자고 나니 지도가 그려졌다
어지간히 뒤척였나보다
자궁 속의 이불 그리워했는지
참말루 모를 일이다
낯선 세계가
아침이 가질 수 있는 거룩한 취침이
개미지옥 먼지처럼 뿌옇게 일어서
기억을 더듬어 외로움을 찾는 것인지
참말루 모를 일이다
몽매지간 유토피아를 찾아
어지간히 뒹굴었나보다
유채밭의 노란 물결
지나는 한 계절
이었으면 했는지
참말루 모를 일이다
그래서, 때론 석벽을 타고
솔수펑이 휘돌아 나오는
바람이었으면 하는 바람이었는지

참말루 모를 일이다
이 세계가 샴푸의 거품 속에서 지워지고 있다
바지런한 갈대숲처럼
속을 텅 비우고
모란지교 꺾이지 않을 듯했던
비록 누더기 옷을 걸치고 거울 속에 빠져든 세계가
때 구정물을 내고
윤기 있는 지난 밤의
주전부리의 술주정 태평천하이었는지
정말 모를 일이다
정작 모를 일은
거울 속의 나다
누구신지!

이런 하루

아줌씨 아저씨도 모르는
지랄병의 어둠 속에서
쇠주 한 잔과 한 개비의 담배로
밤을 털어내고픈 외로움이다
나의 가슴을 치렁치렁 감은 할미꽃에
긴 목걸이를 달아주고
유채밭에 덩그러이 누운 시신을
거울 속에서 비춰 보는 기쁨만이
고독으로 잊혀지기 전에

가슴으로 와 꽃잎처럼 지는 것들만
손님으로 오고,
길어지는 봄비에 좆 세울 일 없이
불씨로 꺼지는 것들 바람에 휩쓸리고
바다가 푸르러지지 않도록
품고 있는 은장도의 날카로움에 찔려
눈을 감거나 귀를 막거나 하는 일 없이

그대여 오늘 내가 산 하루는
적막이 망각과 뒤섞인 값어치니
잔돈은 소쩍새가 날개를 접고 안식을 취한 나무
한 그루만 주시면 됩니다

喪家

그라, 변명을 들고 문병 가는 사내놈에게
쇠주 한 잔과 담배 한 개비 피울 시간만 비워두시구려
상제는 죄인인 탓에 뭐 그리 들려 줄 말이 넘치겠냐마는
화장하여 납골당에 안치한 슬픔을
아버지의 유언대로
그 모양과 빛깔, 향기로 놓아두지 말며
지고지순한 목련 같은 4월을 사알짝 훔치거라
우리는 피곤에서 사알짝 벗어난 만연한 대지에 모락모락 피는
민들레꽃에 서글픈 것이 아니다
맨 처음 패츄니아 팬지를 화분에 옮겨 심은 뿌듯한 마음이
맨 처음 그 꽃들이 그 모양과 빛깔, 향기로 질 때를 새겼듯이
상심은 뒤늦게 갖추어 오는 때가 아니라
잠을 자고 있을 때에나
술에 취해 주정부릴 때에나
마른 장작불에 몸을 녹일 때에나

방죽거리 마실 댕겨 올 때나

빙판길로 미끄러지듯이 찾아오는 봄볕이나

개골창에 물빛이 흐려지는 때에는

상심 보다 한 발치 앞서 오는 것이라서

나비가 미끄러지는 잎사귀를 쫓는 까닭은, 늘

그리움이 뒤늦게 정장을 하고 오는 것이라서

친구여, 나는 늘 변명을 방울처럼 달고 다니며

죄인처럼 굴어야 하는 자네보다 영좌 앞에서

더 죄인처럼 굴어야 하네, 그러니 내게

쇠주 두 잔의 시간과 담배 세 개비의 시간만 빌려주시
구려

창녀

난 매일 밤 여자를 바꿔가며 섹스를 한다
지독한 열정의 사랑이다
하루는 O양, 다음날은 H양, C양 하고

협심증에 돌연사한 교사 녀석을 현세에 끌어들여
욕지거리 안주삼아 비아냥거리며
미스 양孃들이 사내를 품은 경험담을
오리온성좌에 비치는
음담패설, 육두문자 엉덩일 까고 맨가슴 불을 붙인다

나는 늘 외로워 섹스를 하지 않으면 잠이 오지 않는다
별도 없는 밤, 여기저기에서 으악 소리로 퇴비되어 가는 현상
홀로 갖춘 것 없이 탓만이 핏발이 선 외로움
그 다짐을 가슴에 꼭 쥐고
즐거운 섹스를 위해
아래동네 구멍가게
오늘 밤 섹스 상대로

냉장고 속 오우비 양을 간택簡擇할까, 하이트, 카스를 택할까, 고른다

핏대를 계산한다

장벌가시에는

모래사장 온데간데없고 파도가 은비늘을

흘려보내는 고장에

외할머니는 정치망에 걸린 갯것만

대천장 노상에서 팔다 팔순에 죽고

외삼촌은 품팔이 이 동네 저 동네

왕대산 고갯길 넘다가

경운기 뒹굴어 갈비뼈 바스러져 죽고

아들 둘 딸 셋 낳은 마누라는

정분 통한 사내와 도망가고

무지렁이 딸자식은

술꾼 황모씨 아이를 임신하고

소박한 그리움에 목을 조르는 것이다.

까짓것, 넉넉함을 버리고

악惡해지면 어떠리.

미덕美德에 의해 여지껏 한 사람이라도

교화가 된 자 없으니

종교적인 신분으로 찾아왔다가
모질게 패대기 당하고 내쫓긴다고 하여도
서러워 마라, 눈물을 흘리지 마라.
빼덕어멈 보다 더 교활해진 내게서
구박과 구속으로 상처를 얻고
다리를 절며 내 안에서 떠나간다고 하여도
너는 살아서 내게 돌아오지 못하는 것을
그래서 오늘 악惡하고 모질게 구는 나를
탓하거나 원망도 말아라.

제2부
가슴에 슬픈 단지 하나가 있다

崔氏別傳

崔氏 고집아, 저 달빛을 보라
표면이 마른 저 달의 가슴엔
허난설헌의 눈물이 흐른다
崔氏 고집아, 허난설헌을
끝끝내 흠모한 적이 있더냐? 어느 날은,
갈대밭에 서서 홀연히
땅거미 지는 서녘 하늘에
그 어느 누구도 지니고 있지 않은
사슴뿔의 총명한 눈망울에서
흐르는, 가슴 아픈 이름 하나 슬며시 한
삶
뚝— 뚜욱 떨어지는 사연을
읊어본 적이 있더냐?
허난설헌이 아내이었더라면
내 아내이었더라면
수직으로 떨어지는 가을에
까치가 지저귀고
낙엽이 사각 사각 쏠리는

그 날을 가슴 아프게 떠올리며
애간장을 태운 적이 있더냐?
崔氏 고집아! 들에 산산조각으로 핀
국화꽃을 바라보아라!
崔氏 고집아! 수려한 수련睡蓮을 바라보아라!
가을에는 철저히 제 이름으로 피었다지느니
먼 훗날, 무덤가에 모여든 나비나
이름모를 잡초와 나무나
그리운 허난설헌이나
네 이름으로 살며시 피고지게 하라!
崔氏, 崔氏고집아!
네 고집은 철저히 부서지는 계절만 알도록
네 비밀로 살며시 피고지게 하라!

난, 깐다

땅콩 껍질을 깐다
새벽이 아침을 까듯
진달래 개나리 봄을 까듯
그 거푸집 속에 애벌레로 성장하는
짧은 목의 그대여, 그리움을 위장한 남자여
성기가 없는 중성이여, 너의 늙음이여!
이리하여 나의 껍질에 껍질 속의 순수한 호르몬이여!
산마루턱, 들녘, 양옥집, 넝마주의의 지껄임 속에
상실된 너의 성기로
내리비치는 태양의 아침으로,
껍질을 깐다
껍질을 까고 벗긴다
벗기고 까고 까고 또 까고
날을 세운 손톱에 거무튀튀한 때가 끼도록
껍질을 까고 벗긴다
벗기고 까고 까고 또 까고
껍질을 벗긴다
벗기면 새살 돋고 까면 알맹이만 있다

마르크스, 칸트, 톨스토이, 루터, 칼뱅도 까고
관념도 까고, 사상가도 까고, 이데올르기도 까고
그년 저년 이놈 그놈 개새끼도 까고
들에는 봄이 코끝에 풍긴다
한 소쿠리 땅콩 껍질을 까고 또 까서
까고 벗긴 껍질을 쓰레받기에 담아
터알에 버린다
껍질은 까고 또 까고
오늘도 까고 내일도 까고
까고 또 까고……

가슴에 슬픈 단지 하나가 있다

귓밥이 꽉 들어찼다.
귓밥을 파내지 않으니
귀는 밤새 언청이가 지껄인 신음 소리에 시달리고
동굴 속에 거미 한 마리가 신접살림을 차렸다.
거미는 내 심장을 도굴해 가기 위해
여러 해 동굴의 길이를 늘려갔다.
그래서 내 마음은 사슴을 죽이고도 남을
석회질로 단단히 묻어둔 슬픈 단지 하나가
가슴에 있다.
거미는 낮과 밤을 가리지 않고 낯선 이도
두려워하지 않는다.
난 하루가 떨기와 같이 싱싱한 외로움을
보내지 않기 위해
얼마만큼 나의 구덩이 깊이와 가까워졌는지,
지하 동굴로 고함을 질러 본다.
메아리는 지금도 낭떠러지로 굴러간다.
꽃과 별 그리고 바람도 천한 빨랫감으로
오고서는,

지옥의 나락으로
들녘의 황소울음처럼 떨어지더니
여태까지 내게 메아리로 답신을 주지 않거니와,
거미 한 마리만 귀지 거미줄 치고
비 오는 날 방 어디에 귀 한쪽을 잃어 버렸다.

민달팽이노래기목

하늘산 딴에는 번지—
향기알리섬꽃*도 수줍음 욺이 나풀거리면
앵초꽃**리 하늘산 딴번지입니다
북간도北間島로 향한 이들의 주소고요,
저는 지금 광화문에 당도하여
장뚜가리 '배춧잎 맛있다' 먹으러
허허로운 달 춘삼월 술酒요일에
아이콘icon전쟁 통에 널브러진 시체들 틈을 비집고
마음 비집고 저리 저리 가라는 데로,
너무외롭고쓸쓸하여막걸리를먹고취하지않으면미칠것이다,
로 흘러 투쟁 무리에 합류한다
배춧잎 맛이 있다
막걸리도 맛이 있다
누군가 광화문 어느 곳이냐 묻는다면,
가본적은없지만많이본기억은있는것같습니다
광화문의뒷골목이낯설지가않습니다
그래도 꼭 그곳에 함가고 잡다면

주소를 알려드리지요
구름산 딴에는 번지—
네모필라꽃***도 읎이 살라 하면
대폿집에드나들며막걸리
구름산 딴에는 번지

* 빼어난 아름다움
** 첫사랑, 젊은 시절과 고뇌
*** 애국심

나의 서정시 때문입니다

여수 오동도에는 동백꽃이 절제를 모른 채
품에 달려든다지요
그러나 저는 임들처럼 얼러치듯이
기쁘지가 않습니다
꽃은 가을을 기다림 없이
찰나로 시작하여 메아리로 지기 때문입니다
저희 집 앞뜰에 한 그루의 동백나무에도
동백꽃이 붉게 피었다지요
오늘은 무척 쓸쓸합니다
갈대숲은 바람을 품을 수 없다기에
마디마디를 날마다 꺾는다지요
전신주의 새들은 저희들끼리 속닥거림을 볕으로 옮깁니다
쓰여 지지 않는 시詩처럼
마음은 펜을 놓고야 말았습니다
그리고 동백꽃은 피었다고
쓸쓸함 뒤에 오는 까닭은 뭐랍니까?
고귀한 물결 뒤에 오는 찬연함은 사라지고

거인 발자국 뒤에 오는 고독은
도대체 누구의 것이랍니까?
다시는 하찮은 자연의 시어에 연연하지 않겠다고
굳게 약속한 나의 다짐을
허망하게 무너뜨린 자 도대체 누구입니까?
오늘은 무척 허망합니다
한 잔 술이 그리워지는 때입니다
제게는 동백꽃이 신기한가 봅니다
그래서 저는 찰나에 외로워하고 지는 때를 기다려
간혹, 내게도 사랑이 있었던가, 자문해 본들
모두 등 돌리지 않고 이별뿐인 것들,
그래서 눈물을 많이 흘렸기 때문에
그 눈물을 그리워하지 않는 까닭에
다시는, 흘리지 않겠다는 맹세가
오동도의 동백꽃도 아니요, 앞뜰의 동백꽃도 아닙니다
그저 뺨을 스치고 지나쳤을 뿐인 봄바람 때문입니다.

판교 막걸리집

아궁이에 사연 하나 불씨 남기며
마음 달래는 검은 솥의 눈물
간판 없는 마을 사기그릇에
입술 자국 남기다 말며
주소 없는 노인의 얼굴에
밥풀 우표 붙인다.

저자 서는 날이면 푼돈 꼬깃꼬깃
탁주 한 사발에 청춘도 동나고
이천 원어치 풀빵 먹어가며 장보다
낮잠 자는 개들만 새근거린다.

대낮 빨간 가을의 얼굴
방 한켠에 전세라도 얻어 푸르른 날
답장이라도 써 놓고 싶다.

까치밥 하나

눈 내리는 겨울 밤

곶감처럼 씨를 품은 그리움이
미라로 살결을 삭히고 있다

수술대에 올려진 고환에

두 개의 난관

크기가 다르다

오거리 대포집

홍어는 살아 있다
황톳빛 막걸리 속에
몸뚱이는 말이 없다
놀부야! 선생아!
먹는 것엔 法이 있지
그 외엔 法이 없다
죽어서도 썩어 없어지지 않을
그 씨앗은 순수한 유전

놀부야! 蘭은 돈이 되지
저들의 죽음도 저들의 돈이 되지
세상의 바람잡이들아!
놀부는 빈털터리 홍어는 살아있다

놀부야! 선생아!
삼지三指의 젓가락질로
속없는 홍어의 속을 살펴보자!
그래도 홍어는 살아 숨쉰다

막걸리는 홍어의 몸종이 된다

함박눈 오는 12월, 마당을 쓸며

지상地上 천변天邊의 지도가 새벽에 바뀌어 있다
구두쇠 스크루지의 마음도 변심을 하였다
어제 쇠고기 두 근 산 정육점 가던 길 사라졌고
공주집 대폿집의 이정표도 바뀌었다
이른 봄, 파릇한 잎을 피운 석류나무도
석류나무가 아니었고
밤나무 은행나무 측백나무의 이름도 사라졌다
한라산 담배 한 개비를 물고
끓어오르는 가래침을 뱉으며
이웃집 연탄장수 아저씨 검은 종종걸음
지각변동, 길이 바뀐다
옛길을 찾기 위에 대빗 들고
정육점 찾아가는 길
대폿집 찾아가는 길
석류나무 밤나무 은행나무 측백나무
알아가는 길
집을 잃어 버렸다
대폿집도 잃어버렸다

성性도 잃어 버렸다

나침반을 보고
서천꽃밭 찾아 갈 길을 묻고

시를 쓰는 이유

내가 시를 쓰는 이유는

뚝배기에서 들끓는 순두부의 고운 살결처럼
비장하게 숨겨둔 가슴살을
상승된 기온으로 벗기는 것이다

삶을 날로 팔아먹기 위해서다

대한독립 만세로
널빤지에 엎드려
외로움도 드러나지 않는 바닥에

바람결 타고

세운 고춧잎에 수없이 따귀를 때리는

개미

점심시간
급식소로 개미들은
뱃속의 말을 맞추었는지
우르르 몰려가
뱃속에 가득 알 담고
와르르 밀쳐 나온다
어스름 저녁
여왕개미는
그 알을 툭툭 게워버린
어린 것들로부터
다시 뱃속에
수백 개의 알을 담아낸다
내일은
기름지고 단백질 풍부한 알을
물고 오라며
여왕개미는
어린개미의 등을
동굴에서 밀쳐낸다.

양각산의 봄

한 잔의 넘치는 술잔도
잠깐 동안 지나는 찰나의 떨어짐에
가슴 깊이 받아들여지는
왕벚꽃만치 흐드러지지 못하다.
수줍은 것이 아닌 도드라진 것이
내 모진 것에 바탕이 되었으니
참꽃으로 불려지는 사투리의 눈에
보여지는 것이
진달래꽃에 바르게
비춰지듯이
너와같이 약해지면서 목젖에
타지로 나간 자식을 기다리는 어머니의
애간장 태우는
자갈 많은 밭과 등성이로 길이 놓인다.
작은 잔에 넘치도록 따르는 술은
삐딱밭을 갈고 터전을 만들고
오늘 골짜기로 산짐승 울음소리가
골짜기보다 깊고

걷지 않으면 부딪히는 자갈밭 소리로
작게만 씹히던 것이
이 곳에 몇 번이고 와 보았다한들
끝끝내 잊을 수 없는
양각산 적벽과 웅천천을 흐르는
태웠다 꺼지는
순간의 물빛이 아닌가 한다.

삶 자체가 비극이다

아침에 눈을 뜬 것 부터가 슬픈 모가지인 것이다.
휘파람 소리와 까치가 나뭇가지를 물고
플라타너스에 둥지를 짓는 것 부터가 예사로운 일로,
나는 멍하고 바보스럽게 대청에 앉아
온종일 사랑을 찾아 헤매는 일부터 시작해
엊그저께 일을 반복하는
슬픈 비극을 안다.
레이 초우의 「원시적 열정」을 읽고
노동자들과 맨 가슴살로 부딪치며
굳어버린 안면근육에 곡선을 넣는
가시밭 걷는 상처를 수확하시라 함은
내가 처음 말을 배우고
말귀를 알아들었을 때
꼭지를 비틀어 꺾고 잎사귀들이
꽃을 대신할 때부터
비애가 섞였던 것이다.
굶주림이 사랑보다 더 깊고
고달팠던 것이 화근이다.

밥을 먹는 것이
사랑의 굶주림보다 더 깊을 때,
내면의 바닥에서 한 끼니의 밥을
쾌락보다 더 갈망한 것이었기에
나의 비극이다.
비극은 잎사귀를 가지에 채워가며
언제 그랬냐는 그 물음에
까마득한 날로 떠올리는 그것이
나의 비극, 비극인 것이다.

그것, 그것이 오시려거든

내게 오시려거든
오작교 까막까치를 다 죽여버리시고
줄담배 골초에 술꾼에다 기생오라비라
불평불만 하지 말며
연이어 피고 지는 꽃이 새벽이슬에 젖어
나의 눈에 못처럼 녹이 슬어 찔린다 하여도

내가 그대에게 하나뿐인 엽서로
정작 애끓고 평안한 날이 없던 그리움이라면
길에 뿌려지고 공기에 흩어진
씁쓸한 볍씨를 바지런히 줍는

정말로, 한강에 몸뚱이를 투신한다 하여도
변심이 없는 메모, 그 하나를
내게 버리고 간다며
창을 부수고, 고엽이 쌓인 산에
라이터 불로 불을 지를 수 있다면

내가 담배를 피우고 술에 간이 후들거릴 정도로
슬픈 적이 있다면,
한 모금의 담배 연기를 섹스 보다 깊게
오월이 무르익어 가는 그것만 남겨두시면
나는 잿더미를 무시하고
불 꺼진 다음에야 남는
핏덩이같이 솟은
주정이 되어 오는 너의 것으로 알리라.

노동자의 손

해골이 웃다가도 운다.
잠시 잊었다가도 밥을 먹을 때면
숟가락 속에 해골이 울다가도 웃는다.
네 몸무게는 백킬로,
동백꽃이 지는 것과 다른 때라는 것을
너는 화약과 그 냄새를
화장실 안까지 끌어들이지 않았다.
문 밖에서 맞이하는 낯선 사람의 대구이듯이
네가 들르고 본 꽃들이
어젯밤 침실에서 나와 나누던 얘기 이잖은가?
활을 쏘고 싶어도 장수 애벌레
온몸으로 꿈틀거리며,
손바닥에 팽팽한 줄이 어느 지점에서
물구나무 서고 있기에
주름지고 거친 손등 손가락 끝 손톱을 가슴 깊이
당겨
달이 벽에 꽂이고 때가 낀 얼룩이
그곳이 내가 가야 할 해골이 되었다.

제3부
성글은 날은 속살을 발라내고 싶다

성글은 날은 속살을 발라내고 싶다

어젯밤 대천바닷가 조개구이 집에서
모시조개 바지락 가리맛 가무락
동죽 백합 민들조개 떡조개 새조개
깜량으로 속살만 발라냈습니다.
그 날 이후부터 저는
잠자리에 골아 떨어질 때나
꽃을 홀로 바라볼 때나
밥을 주섬주섬 먹을 때나
속살의 탄내를 맡으며
발라내고 또 발라내는 습성으로
내내 몸살을 앓았습니다.
그럴 때마다
새들의 지저귐도 발라내고
어린아이의 눈동자도 발라내고
꽃의 가슴도 발라내고
그래서, 새 어린아이 꽃도
패각이 되어
버려지고

아침에 일어나 담배 한 모금에
제 알맹이만 쏘옥 빠진
육체만 덩그러이 먼 산에 비늘처럼 걸리는데
칼을 잡고 젓가락을 집은 장갑 낀 손이
하루의 속살을 쏘옥 빼먹고
피나무껍질 속을 쏘옥 빼먹고
서른셋의 가난한 살결을 쏘옥 빼먹고
패각에는 조개관자의 목 근육만 핏대가 선 채
우리도 언젠가 속살을 잃고
켜로 나뒹굴다가
바스락 으깨어질 뿐

나비

시를 짓는 이곳에 오시려거든
팔월에 논개사당에 들러
절개의 사상을 몸가짐에 익혀두시고
골짜기는 태초부터 조찰조찰 하는 곳이라서
가을의 육성을 경청하여 듣고는
마음이 스스럼없이 열리고 닫히는
사골篩骨같이 느껴지시거든,
산천으로 향하여
기왕지사 늦으실 거면
천왕봉 운무에 날개를 적시기 전에
빨치산토벌전시관에 들러
빨갱이 개념에 대해 물으시고
남사마을에 들러 이순신장군유적지에
사적인 이유를 고단히 만들지 말며
가슴이 스스럼없이
당신을 받아들이거든,
당신이 시를 짓는 누추한 곳까지 오시기가
버거우시다면

마산 · 배둔에서 우회전하여
빗줄기가 꽂히는 선머슴 노니는 들녘에
한동안 풀 베개처럼 보살핌 하시고
당항에 도착하시거든 유채밭에
가칠한 빛깔로 시름시름 바지런 앓다가
발길 돌려 되돌아 가시려거든
당신의 지친 육체에 시 한 구절
묻어가시구려.

오늘 일정

대폿집 막걸리 속에 새가 드나들고
풀 잎사귀만 바스락 밟히는 길로
걸인처럼, 이 하루를 살다 죽고 싶다
내 가슴에 오고가는 발소리는 거인이 아닌
들피지는 산들바람인 곳에
개미의 바지런함이고 싶다
그래서
이발사도 나를 찾지 아니하고
농약방 최씨, 약방을 들락날락하는 황노인,
사채업자들도 나를 알아보지 못하는
그래서
들에 만발한 민들레처럼 늘상 밟히는 행렬로
잊혀지고
눈과 맘에 꽂히지 않는 것이었다면
멀리 떠나가 버린 수평선 너머와 같이
녹아 없어지고 싶은 달빛
그래서 내겐
상처를 낼 긴 손톱을 깎고

매화꽃을 보듬으며
드리워진 그림자도 지우고
고통의 노동에서 벗어나
사랑하는 임들께서 한가로이 위안 삼아 즐기려는
들꽃 사이사이에 숨어
찌르레기 벌레와 같이
그래서
밤에 피는 저 달에 토끼가 연자방아 찧는
전설을 구구절절 믿게 만들어
나비가 거니는 창공에서와 같이
외로운 노숙자가 되어
오월의 신록 어디쯤에서
갈라지고 눈물겨운지
깊은 잠에 빠져버리고 싶은
그래서
다시는 개구리처럼 깨지 않고,
까치의 알처럼 깨지 않고,
은행나무의 푸른 싹으로 돋아나지 않는,

저 삭막한 도시에 놓인
신발 밑창을 가슴에 담는
좁은 길로 멀리멀리 달아나는…

이브

재래시장 어귀 장터에 선별도 없는 유혹의 선악과善惡果
장사어치가 상자로 가득 추석 세일을 한다
거저요, 덤이요, 덤핑이오, 싼 값에
귀가 솔깃한다

홍정을 하고 나니, 선물로 아담의 집으로 향한다.

아줌마는 유언을 날로 팔고 있다

부산 기장 어시장
아줌마 손아귀에 거머쥐어진
죽은 멸치가 바로 나이었다

나는 그 아줌마에게 유언을 남긴 적이 있다.

파닥파닥 몸서리치며
항쟁
빈정
아니었다

바다 속에서
눈꺼풀도 없이
바라보았다

손아귀에
바다의 염분기가
오래도록

아줌마의 손에서
떠나지 않고

꼬리지느러미를 흔들며
몸을 비틀고
아줌마는 유언을 날로 팔고 있다

입 속에

입 속에 처음 소금기를 씻고
싱싱한 몸뚱이로 파닥파닥 뛰던
바다에서 막 건져진 능소화가 있었다.

살점을 발라낸
가시 몸뚱이

그날도 입은 외로운 염분을 넣고
창窓이 되고 염소의 똥이 되는 것을
넣었다.

입 속에 싱싱한 생선을 넣었다.
수많은 귀들이 담장으로 떨어져
비밀스레 뛰던 땅의 심장 소리를 먹고
입 속의 입으로 전해지는 어스레한 비웃음
창窓에 걸기로 하였다.
커튼처럼 가리킬 수 없는 것들을 가리고 서서
슬픈 도둑이 옷장의 옷을 훔쳐 갈 때까지

나는 스스로 낯선 인기척에도

놀라지 않는 담장의 새가 되기로 했다.

닭의장풀

그 어느 누구도
콩밭 어귀에 버려진 녹이 슨 쟁기 날
그 위를 정상이라고 말한 적이 없는데,
귀 한쪽을 깎아먹고
당나귀 한 마리
닭의 장腸에 갇혀 있다
들에 공양을 하며
당나귀 두껍은 입술을 나풀거리며
소크라테스 죽음을 애도하듯이 하늘 한 줌
입속에 넣는 크산티페

네 그림자 뜰 안에 묻어두고
봄볕은 한량없이 따사로운
버려진 날
그 어느 누구도
하산한다 말한 적이 없는데,
당나귀의 느린 발길 따라 오솔길
모여드는 중생들의 하루살이 몸짓

절 밥을 얻어먹고 그 은혜 어찌
한들한들 하지 않겠는가?

전당포

산에서 우는 새소리와 막걸리 한 잔 바꿔먹고
광부의 똥구녕에서 쇠붙이와 엿을 바꿔먹고
골목에 깔린 어둠의 진열장에
잘 닦여진 금빛 슬픔이 반짝이던 하루
막걸리 한 잔 값도 없어 외상을 긋는 나는
그 선술집 벽에 '사랑이야' 낙서를 하지만
그날 그은 심장을 되찾기 위해
막걸리 한 되를 먹고 장까지 외상을 그었다.
다음날, 두 팔과 두 다리도 외상 술값에 묶이고
내게 남은 것이라고는 불알 두 쪽과 막대기 하나
하루를 살다 보면 신神이 준 선불에
해장술 마시고
술값에 다 팔아먹고 탕진한
선술집, 밥집 찾아가도 아줌마는
불알 두 쪽과 막대기 하나랑
막걸리 한 되랑 바꾸자 하니
밑지는 장사라 다섯 손가락을 펴고
한 손가락만 접으면 흥정이 될 것을….

폐가

오래된 집을 허물고
그 터에 새집을 짓는데
거미 한 마리가 어느새
바리케이드를 쳤다.
나의 허접 살림살이보다
호사스런 신접살림
나의 가난은 욕심이었다.
뼈마디가 욱신거리고 발이 몹시 저리도록
기다리는 거미줄,
살갗이 벗겨지고 손등에 피멍이 들며
발뒤꿈치가 아려 걷지 못하는,
딱 한 번도 고통스런 그리움을
가져보지 못했음이라.
전세, 월세도 아닌
무단침입 강도를
내쫓을 궁리를 한다.
내게도 고약한 성실이 있음을
열람하고는

구석구석을 더듬어
낡은 집을 다시 꺼낼 수밖에 없다.
바퀴벌레, 돈벌레, 딱정벌레들이
헌 이불을 들추자 헐레벌떡
낮은 음지로 사라진다.
거미도 새 집을 지었을 뿐이다.
애초부터 목구멍에 끼었던 선들이다.
온 몸을 주름으로 치장한 번데기와도 같은 것이다.
은실은 쇠줄이 되고
녹이 슬어 목젖이 되고
가늘고 가벼운 것들의 존재는 피라미처럼 몸속을 빠져 나가고
딱 한 번도 가볍게 그리움을
삼킨 적이 있더냐.
그물코에 걸려들어 한 입 베어 물다 목에 걸린,
혀를 삼킬 수 없기에
짧은 혀는
유채꽃과 땡볕에 흘린

농군의 지친 육신을
검문검색하며
별은 주민등록증을 까고
꽃은 동사무소에 들러
호적등본 한 통을 떼고,
손톱은 자랄수록 발가락의 상처를 찾아 헤매고,
늘 상처의 뚜껑을 열어보던 족보의 장수가 줄어들고,
군침은 오래 머물수록
꼬리뼈 통증에 병상을 찾아 누워
몹시도 삼키고 싶어 하는 그것
그것이 이사를 왔다.

네잎 클로버

집 뒤곁으로 구비 돌아가
풀섶에 웅크리고 앉아 돌연변이를 찾는다.
리더십을 가진 우두머리를 찾는 것이다.
병졸들의 항쟁을 물리치고
돌연변이 우두머리를 찾았다.
놈의 뿌리까지 뽑아
방안 벽에 걸린
대한민국 지도 허리에 붙여 두었다.
놈은 말라 비틀어져
한 도시를 폐허로 만든다
한 곳에 토템이즘 숭배하니
놈은 온종일 간질에 몸을 뒤틀며
자신의 음부를 바싹 조이고 있다

점심을 먹다가

순대국밥 밥숟가락
길이 끊겼음을 알았다.
뚝배기로 채워진 건더기와 국물로 오기까지
비포장 길로 너희는 장시간 화물차에 수송되었다.
호수를 드륵드륵 긁어내면 만질만질 드러나는 바닥
파닥이는 생선 한 마리가 입속으로 들어온다
내가 걸었던 비포장 길을 또 걷는다.
그가 남긴 것이라고는 수챗구멍으로 사정한
기름 덩어리들 뿐인데,
그 다음 날, 순수한 국밥을 씹다가
비포장 길 돌을 단단히 씹어 어금니 하나가 빗금이 갔다.
빗금이 갔다는 것은 내 몸에도 균열이 생긴 것이다.
균열로 모여드는 기생충
난 매일 비포장 길을
볶아도 먹고 튀겨도 먹고

동백림 사건

동백꽃잎이 지는 것은 순간 떨림이다
달팽이 빈집으로 입적하는 것이다
외로움 달랠 겨를 없이
개미들은 이삿짐을 짊어지고
달팽이를 찾아간다
천상병 시인은 두꺼비로 죽어서
시詩로 환생하여
빈집 속에 쏘옥 살결을
아린 곳 없이 찔리는 것이다

꿈을 꿀 수 없는
깊은 잠에 빠지지 못한다는 것은
영문도 모른 채 지하 고문장으로 끌려가
손가락 한 마디를 펴고 막걸리 한 잔
악몽과 바꿔먹고
여태까지 붉은 광장廣場으로 새까마니 맺혀 있기 때문이다.
손가락 두 마디를 펴면 막걸리 두 잔

찌릿한 전류가 파릇파릇

병실일기

– 조성인 시인에게

오늘아침천안단대병원중환자실에서일반병동으로옮겨지고창가의가슴기에는해무가피어올라봄꽃을가립니다.

지난,놀이터에서순희와소꿉놀이하던그순수한나이가제가슴에문병을다녀간뒤로병은갑상선당뇨에가슴앓이까지보태어져볼따귀를타고턱까지주름지는마른버짐을피웠드랍니다.

봄에핀진달래개나리그곳을날으는나비가내가슴에콩딱콩딱노니는것이야무슨수로말리겠습니까마는내가병이들고아파하는처지가문병을오고가는당신의슬픔을무슨수로되돌려화사한봄볕의꽃으로수놓아만들어놓는답니까?

제가당신과사별하는것이야잠깐동안슬픔이더라도긴긴잊혀짐으로떠올려고통스러워하지않는것이야말로제나이가마흔하나아깝지않도록무슨수로되돌려놓아기껍다무덤에만들어놓겠습니까?

그러니,지는노을에당신과함께뛰놀던날과가슴이찢어지게가난한오후에나방이날으는것과같이당신의외모에

콩깍지끼어은하수외출을하지요.

이제부터는문병을오시지않아도됩니다.

저의외출은아마도사하라사막의전갈에물리어

모래바람에섞였을지도모를추측이앞서갑니다.

때문이다
– 통영에서 하룻밤

청소년수련원 방 안에서 줄담배만 피워댄다
이유인즉, 이 곳에서도 어둠은 내려앉아
고향에서 굴러먹던 노동의 고통이
느닷없이 오지 않기 때문이다

밤바람이 처음처럼 이마에
스산하지 않은 것도,
새벽 노동시장으로 이끌려 나가는
처음 그맘때 그때처럼
고통에 시달리거나 가난이 현재와 같이
익숙하지 않아서 일게다

새벽이슬같이 모여든 일용직들
길바닥에서 따듯한 몸을 식히며
별자취가 신비롭기 보다는
가슴 깊숙이 뇌물로 찔러 넣고 있다
갑작스레 사랑에 스치고 차이지 않기 때문이다
아침 온갖 새소리에 잠이 깨어 멍한 것은

고막을 찢는 공장 기계음과 쇠망치 소리에
손가락이 잘려 나가 뒹굴어도
느닷없이 흘린 선홍빛 그때의 비명이 처음으로
다가오지 않기 때문이다

제4부
푸르런 잎사귀처럼 쉬었다 갈수 있는

詩란 무엇인가, 새

'시란 무엇인가' 새는 별천지를 날다가
지상에 까막눈으로 내려앉았지요
제게 수줍은 미소로 질문을 하더군요
제가 말했죠, 당신은 배곯은 가난뱅이로 어떤 시를 쓰냐고요

술잔에 볼따귀가 붉어지면 천국이 따로 있을까,
개미들을 키우며 하루 한 끼 등짝에 벽지를 바르고
똥창에 새벽달이 붉게 뜨면 그날 하루 죽은 자의 것이 되다

타자의 밥그릇에 놓인 튤립과 같이
'시란 무엇인가' 새는 중심을 잃고
열차의 창가에 머리를 부딪치는 날 파리의 육탄전에
제가 고집을 부렸지요, 우리가 만나고
나누는 육박전에
어쩔 수 없이 부지런해지는 쓸쓸함의
속삭임야,

‘시란 무엇인가’ 새가 내게 물었을 때
저는, 입 밖으로 나비 떼처럼 날아오르는
생명이, 가슴의 보살핌을 잊은 채로
입 밖으로 나가 다들 죽어 나자빠져
말이 부끄러움을 만들어 내더군요
그러니, 제게 ‘시란 무엇인가요’ 새를 물리치고
‘당신은 어떤 시를 쓰나요’ 새를 보내주면
그나마 내 속설에 대한 기사거리 원고를
몇 자 적어 훈련된 비둘기를 당신에게 날려 보낼게요.

영산홍이 피었다

갈보야, 네가 유명메이커 옷과 물건들을 버리고 간소한 차림으로 촌구석으로 낙향한 뜻을 모르겠다. 이 촌구석은 매일 하릴없는 노인들이 죽어 나자빠지고, 야한 속옷 차림이라면 아낙네들의 입방아에 갈기갈기 찢기며 선머슴에게 강간과 도둑질 당하는 험난한 곳인데, 너는 디스코텍에서 춤을 추었던 야들야들한 꽃무늬의 원피스차림으로 겁도 없이 이 촌구석을 나들이 하는 네 뜻을 아직도 모르겠다.

지난밤, 폭우에 목련 잎이 지고 봄에 남은 것이라고는 철조망 같은 가지들만이 실타래처럼 엉키고, 논배미에 모여든 까마귀에 시체들은 뜯기며, 재래시장을 거닐 때면 내장을 부위별로 잘라 놓고 파는 육시럴 같은 목숨에, 너는 아무 생각도 없이 껌을 쫙쫙 씹으며 엉덩일 히죽거리며 뛰어노는 네 뜻을 지금도 모르겠다.

내일이면 오늘과 같이 나도 한가하지 않을 터, 개골창에 넘치는 흙탕물 속에 염소가 빠져 죽으니, 어린아이도 빠져 죽으니, 접근금지 표지판도 무시하며 발가벗은 채로 목욕하는 미친 네 년의 정체도 모르거니와 네 뜻도 알 수

없거니와 모두들 방관만 하니 어쩔 도리가 없는 나로서도 흙탕물 속에 너를 끓일 수밖에 없다.

너로 하여 나는 몹시도 허약해져 죽을 먹는다.

그러고 보면, 너는
지난밤 개나리 샛노란 꽃잎에서 행자로 내려와
지천에 흔하디흔한 민들레꽃 같이 밟히듯이
잡풀의 모종暮鐘으로 새싹 돋아
사방이 너의 이름과 빛깔의 동족이므로
가식과 재주로 뽐내지 마라
마주 앉은 네 앞에서는 모름지기
나의 귀는 밥이었고
나의 코도 밥이었고
나의 눈도 너의 밥이었다

이제는 고엽의 빛깔로 되돌아와, 폐가의 우물터에나 장식되는 옷고름이나 담장을 타고 오르는 능소화 필 때 까지만이라도, 네가 갈보가 아니라는 증표를 남겨라. 아직도 나는 네가 염소처럼 묶여 개천 주변의 네 동족의 뿌리를 뽑아 씹으며 대소변을 보는 너의 무례함이 애간장 타는 내 가슴에 석유를 뿌리고 죽은 네 뜻을 알지 못하겠거니와 시간이 흐를수록 내 가슴에 오래 남아 흔드는 그 까닭도 모르겠거니와 눈물은 샘솟는데 슬프지가 않은 네 뜻을 아직도 모르겠다.

슬픔은 어디에서 오는가

까막까치야 까막까치야
푸성귀에서 동백꽃잎에 파드득 날아오려거든
말갛고 푸르던 새것에 걸려다오
자지러지는 게 동백꽃잎의 붉음보다 순결처럼 깊더냐?
여기는 초승달 빛이 초연하고 담뱃잎이 지던 곳
쏠리는 보리밭은 육자배기 문둥이처럼 거닐던 곳
까막까치야 까막까치야
그녀는 가랑이 사이 관능을 버렸으니
사내여, 빗발치는 욕망이 빛바래 앉으시려거든
날빛에 바르르 부딪히고
조약돌에 스르르 으깨어지며
언제고 앉음반 자세도 흐트러지지 않는
온몸을 진저리치며 간이 후들거릴 정도로
술 한 잔 먹어 본 기억이 있었더냐?
나는야, 오래지 않아
이슬 같은 촉촉함
간직해둘 곳을 마땅히 찾지 못해
저녁, 저녁 가랑이 골반에 코뼈가 바스라질 정도로 누워
온종일 술에 취해 휘파람이나 불련다.

4월의 장터

메디칼센터로 장미꽃잎을 휘날리며 리어카에 파지 한 짐 실고 들어간 넝마주의가 여드렛날까지 소식이 끊겼다 봉당농약사로 패랭이 꽃말이 좋아 꽃씨 사러 들어 간 농투성이 소식도 감감무소식이다 그들이 행렬로 사라져간 곳은 개미굴이었다 물류창고에는 올 겨울을 나기 위한 곡식들이 차곡차곡 쌓여 있고, 낙원이라 적힌 문을 열면 섹시한 개미들이 바에 걸터앉아 술과 음악을 즐기고 있다 음악은 차이코프스키의 백조의 호수, 고상하리만치 조용한 칵테일 바— 목욕탕이라 적힌 방안은 가족들이 모여 때를 밀고 있다 물론 시종은 그들의 자식들, 배고픔의 문을 여니 호사스러울 정도의 금장식과 넘치는 음식, 그것을 먹는 거지들…그 틈에 넝마주의와 농투성이가 울부짖고 있다 그들은 이미 메디칼센터의 삶에 복종하고 있다 그들은 서로 사랑하고 있다 그 둘은 서로 섹스를 하고 있다 메디칼센터를 빠져나오자 수의복을 걸치고 있는 호사꾼들, 메디칼센터는 나오자마자 닫혔다 천국으로 인도하는 간호사들은 다 죽고 없다 메디칼센터의 문을 두들겨도 굳게 닫힌 문은 열리지 않는다 바람이 분다 꽃잎이 진다 나를 찾는 이가 메디칼센터 문을 두드리자 문은 열리고 들어간 그는 메디칼센터를 나오지 않는다 죽음의 병동, 나병환자들 틈에 끼어 간판을 바라본다 「메디칼센터」 그뿐이다.

이런 詩

튤립 한 떨기가 시방 나의 방에서
보름달 걸친 상념의 푸성귀 잎사귀에서
몸서리치듯 빠져나가
앞 뜰 담장 아래에 두 손 모아 동냥질을 하더랍니다
어제까지 창가 선반에 놓인 화분에
제 것 마냥 서책에 꽂혀 있다,
여느 날, 형광등 껍질을 닭부리로
송충이 찾아 쪼며
토실한 달빛의 알맹이를 쇠똥구리처럼 굴리다가
자신의 몸보다 거대해진 그림자
배꼽이 밥통보다 커진 날, 자장면 물결 속에 빠뜨린
수많은 건더기 속에 잠자리 한 마리로 빠져 있다,
칠월칠석 견우와 직녀가 포옹하고 깊은 잠에 빠진
침실에 호롱불로 불 밝히고 서 있다,
금강하구둑 갈대밭에 시퍼런 두 눈으로 밝히고 있다,
호수의 수심을 핥고 짧은 혀로 와 닿는
낙석과 같은 무거움으로 지니고 있다,
옷을 꿰매는 바느질 같다가도

거실 벽에 걸린 오돌오돌한 시계의 시침 같기도 하다,
식탁의 은수저 속에 갇힌 내 얼굴 그대로이다,
눈곱을 떼어내다가도 그것이 그렇게만 보이다,
내 방안에서 휘파람 소리 불려지던 그것이
앞 뜰 담장 아래에 두 손 모아 몸짓을 하더랍니다
시방 나의 것이 아닌 그 붉음이 마지막 불씨로
씻기지도 않을 주름진 발자국이 볼따귀로 길어집니다
하여, 튤립은 푸른 농장을 지나는 소의 발자국을 피해
성글한 머루나무에 조아리듯 풀잎사귀로 주저앉으라,
저를 밀치며
등 뒤에서는 온종일 울고 있더라 합니다
방안엔 지금도 송충이가 바글바글합니다
보름달을 먹어치우려 입들이 떼로 모여듭니다.

나의 방경일은 똥꼬가 아픈 날

시방 넘덜은 똥꼬가 불이나캐 노동을 한다지만
시방 나는 팔자 좋게 방 한구석에 엎드려 고독을 삭힙니다
시방 봄비가 주룩주룩 대지를 후려칩니다
목련의 잎사귀가 후두둑
황진이의 가슴에 떨어지는 오늘 같은 날에도
넘덜은 노동이 좋다기에 비에 흠빽 젖은 채로 공장으로 향합니다
시방 저는 방경일입니다
나라가 정한 방경일이나 직장에서 특별 휴가를 준 것도 아닙니다
밭이랑의 강아지풀도 들에 속합니다
주룩주룩 내리는 비가 언제 멎을지도 모릅니다
옆집 똥개 녀석도 짖음을 멈추었나 봅니다
그래서, 저는 오늘을 방경일이라 제가 제날을 선포합니다
시방 넘들은 노동을 좋아한다지만
시방 나는 대청에 나와 앉아 담배 한 개비를 피워 물고

개골창으로 흐르는 빗물을 대지로 보냅니다
시방 넘덜은 바쁘다고 난리이지만
저처럼 한가롭고 평안한 자가 어디 있겠습니까?
어젯밤에도 불러본 황진이를 또 불러 봅니다
나의 사타구니가 뻐근해 집니다
시방 저의 어머니는 저를 욕하지만
시방 저의 아버지는 무덤 속에서 통곡하시겠지만
훗날, 넘들처럼 노동을 좋아하다가
나의 손이 잘리고 눈이 멀고 병신이 되어 돌아오면
평생을 방경일로 섬겨야 할 것입니다.

집나간 며느리 되돌아 왔다네

당금애기가 사내와 정을 통하고 낯선 자식들을 낳고는 홀연히, 남의 처라고 훌쩍 떠났다.

가난도 똥구멍이 찢어질 정도이지만 첩질도 못해먹겠다고

땅속에 묻은 남편 지랄염병 해가며 시어머니 가슴에 못질 해 놓고, 지 잘난 멋에 석벽 손 공짜 엉덩이 바람 다 타 놓고서는, 뱃놈하고는 못 살아, 육지의 잡것들의 주둥아리는 고급 사향이라, 벤뎅이는 죽을 써도 위장이 경기 일으킨다, 육갑지랄 오뉴월에 푼돈께나 주머니 사정 좋다 지랄방구 떨구서는, 젠장 시상이 눈깔 뒤집히듯이 팔려나가는 벤뎅이가, 육시럴! 잘도 팔려, 팔도에 하나 뿐인 육신 때를 벗겨도 업신여기는 때밀이 눈에

미안하지만, 돈이 사람을 배불케 하고, 고프게 하고, 여자로 유랑을 하니 별것 없어, 섹스도 그 홍에 그 가락이 맺힌 한이고, 들도 푸르러지면 다소곳해지는 법이니, 타지에서 식모로 살다 죽느니, 넘의 집 넘의 식모 살이도 돼지고 못 죽는 연민의 처가에 푸념이라도 묻을까, 되돌아 왔소.

허니, 탓하지 마소, 거죽도 세 겹이면 두껍다 하지 않소.

이제나 저제나 편케 살려 하오

그러니 왈가불가 하지 마소

눈동자엔 항시 준비된 눈물이 볼따귀를 언제 흐를지

폭포수 같은 억눌린 흐름이 아직도 심장을 지나치니

손님, 가시거든— 난중에 또 오오, 고목도 지 자리에서

터줏대감 노릇을 톡톡히 텃세 부려 쌓은 권위 아니오.

그러니 가시거든, 다시 올 때는 그냥 나그네로 왔다 가는 시늉만 내어 주소.

무량사

무량사 초입 영진식당 부침개와 소국주가 소곡주 독경으로 읽히는 따듯한 봄날

철당간지주 일주문 사천왕 극락전에 합장, 토종 이지함 선생 영전에 삼배하고 나니, 아랫배의 속세를 움켜쥐고 불경을 속절없이 읊으며, 잽싸게 향하는 해우소, 널빤지에 희뿌연 반쪽짜리 사과 엉덩일 까고 물잠벵이 찌개 국물 무의 독경에서 오려낸 진국 풀어 목어 한 마리 방생한다.

끙끙거리는 법문法文, 가히 가벼운 안창雁瘡 힘에 읽는 늙어가는 계절에

소리 없이 밟히는 잎, 급 하강 바닥에서 검버섯은 솟아오른다.

먼 이국의 바다와 육지에 살다가 내 것이 되고만 쓸쓸한 것들이

이틀 삼일 위장에 여장을 풀지 못한 채, 어느 놈의 수컷과 수정했는지

위궤양 과음 소화불량 배불뚝이 되어 뱃속에 알 하루

만에 품고

잘좔좌―알 자알잘좔좌―알, 목어는 산란을 위해 맨살을 긋는

사포의 폭포를 오른다.

나아미타불 관세음보살 나아미타불 관세음보살

속세로 향하는 길 무량사 소나무 숲에서 나는 개미다

무량사 해우소에 방생한 목어의 큰 입이 나를 덮친다

속세에서 거인이 되어버린 개미는, 영진식당에 들러

아주머니 다라니경, 여기요 다라니경, 소국주 한 잔요 녹탁소리,

소국주 하나 더요 목탁소리, 아주머니 다라니경

소국주 소곡주 소곡주 소국주 곡하니

똥꼬에 우담화 우므러들다.

푸르런 잎사귀처럼 쉬었다 갈 수 있는

고향은 삼천포 늑도의 풍광처럼
유채꽃은 노랑 물결로 살랑이고
푸르게 펼쳐진 바다 선착장에
어선 한 척 정박 해 놓은, 그 곳에
바람 피리 소리만 들리는 곳이었으면 좋겠다.
보리암으로 흙길이 굽은
지저귀는 새들이
나를 맞아주는 곳,
산비탈로 녹음이 휘어져 바다로 섞이는
외로운 빛깔로 산산이 으깨어져도
푸른빛만 남아 갈매기만 노닐고 떠나는
이 곳이 내 고향이었으면 좋겠다
짙게 베인 향수가 치자꽃으로 만발하고
백로가 노닐며 가는
푸르런 잎사귀처럼 쉬었다 갈 수 있는
그곳이었으면 좋겠다
수수한 억새와 같이
개운하게 속을 비우고 난 뒤에

기왕이면 하나님께 사직서를 던지고
고향이라 말할 수 있는 곳에
푸르런 물결로 남고 싶다

화장골 충북집 탁주 속에 달이 빠졌다

이 보소, 아주머니! 탁주 한 잔 그리워 왔소
소금을 흩뿌려 놓은 밤하늘의 쪽지를
바지주머니에 구겨 넣고
나의 짧은 기억에 남도南道의 촌구석엔 아직도
후모後母를 내쫓은 무지렁이 자식의 횡포가 간간히 들려오오
쫓겨난 후모는 늙은 갈보가 되어
까마귀처럼 쫓기다가 주검이 되었다지요
이 보소, 아주머니!
어제의 경험은 아직도 접하지 못한 살 떨림이요
박형朴兄의 말이 옳소, 사방四方은 애초에 없었다는 것을
인간이 해 뜨는 방方을 동쪽이라 정해놓고
인간이 해 지는 방方을 서쪽이라 정해놓아
움막 안에서 사는 것이 중생이라고,
박형朴兄! 조부모 묘 이장, 삼살방三煞方의 얘기는 참 좋았소
내 죽어 내 무덤 싫다고 무덤을 뛰쳐나와 후손들에게
투덜거리면 후손들이 이장을 해줄 것 아뇨

후손에게 삼살방을 알려 주어야 하겠소
이보소, 아주머니! 병치레하는 이 놈에게 탁주 한 잔 따라 주오
이 놈의 세상은 빽 아니믄 빌어먹구 살기 힘들어! 가난한 놈은
늘 가난에 찌들어 살구, 있는 놈은 법 위에서 먹구 사는디,
중생은 죽어서도 삼살방만 말하는디, 죽어서나 편캐 살려구….
이 보소, 아주머니! 심술궂고 이기심 많은 주전부리에게
탁주 사발 가득 따라 주소
미치광이 꽃 흐드러지고
갈탄난로의 불길 속에서 타오르는 것들은
사랑에 타오르는 재료로 된 것들이오
이 늙은이의 감정은 불길에 타들어 가지 않는 금속이오
처용의 아내와 동침을 한 역신疫神이오, 후레자식이오!
그래도 한 잔 따라주려는 아주머니를 보니

중생의 심성으로 보아 흩뿌려진 풀길을 짓밟으며 집으로 향하겠지

중생의 머리로 보아 내가 저지르고 간 행위들을 헛것으로 기억하겠지

중생의 주머니 사정으로 보아 외상을 긋는 날 늘 그런다지?

悲歌

말을 벽에 그으면 말이 활활 탄다
성냥갑 속의 달팽이가
제 몸을 땅에 그으면
채마밭을 태우는 말에
불을 지피기 위해서다

담배꽁초를 바라보다가 문득

우리도 언젠간 들에서 철저히 잊혀져간
애기골무꽃 그 이름과 간혹 찾아 불려지는 것이라서
장미꽃의 붉음보다 요다지 외롭게 지상에 팔리겠지만
상사화처럼 제 가슴의 체온을 비비며

재래시장 좌판에

어떠한 꽃이 되었든

암사마귀의 식성과 같이

배를 곯고 앉아

풍경風磬을 읊는 갈바람에도 어여삐 불려졌던가?
이제는 사랑도 검붉은 피가 솟지 않으면 하지 않으리
계절階節이 자알 닦이면 은둔 빛에서 벗어나
비자나무 벚꽃나무 봄에 자알 빗으면
몸과 마음에 구족계具足戒를 익혀두어

이르면 사랑의 풍월도 전설인 다음에야
햇볕에도 나풀거리는 만삭의 몸으로 출가를 하리

선운사에서

얼마만이더냐! 선운사 동구 동백꽃이 후두둑
떨어지던 것이 엊그제 일 같은데
밤은 깊고 소슬바람 휘몰아쳐도
산허리의 달빛은 고색찬연 여전한데,
언제부턴가 인기척에도 소스라치며
와르르 무너져 내리는
슬픈 족속의 주인으로 만개하였던가?
나는 죽지 못해 살고 있다
이 거죽도 마땅히 내 것이 아닌 마당에
도솔산에서 나고 자라는 꽃무릇 잎사귀조차도
나의 눈썹과 귀에 걸리지 않는 마당에
그래서 나는 죽지 못해 살고 있다
호젓한 혈통을 묻어두고
고승이 되어 출가하는 산수유
아직 피어오르지 못한 겨우내 행자들을 위해
얼마만이더냐! 선운사 동구 갈대밭
마음의 살갗이 벗겨지고
하야夏夜와 살을 부비고 뒹굴던 것이

어제 일 같은데

광한리의 하룻밤

오솔길을내고금련산구름다리돌탑따라설대밭물개독을만나다황련산荒嶺山*에이르러동백섬오륙도광명다리에별이깔리고오징어배들이평온한바다에만선의자수를뜬다까닭없이서글픈날엔한잔술이님을품는것보다더간절히그리울때가있다달빛을술잔에풀어쓰고가슴저미는전설을구구절절독毒보다쓰게들이키고싶을때가있다빼꼼한계단식판자촌에가난과배고픔이묻혀있기에술은독하고쓰다잔잔한광한리파도가일렁일때쇠대가리뿔을세운외로움이가슴에들이박힌다고배의꼴림에술한잔이몹시그리웁다그리움같은것이어서소슬바람같은것이어서잔인하게피었던그꽃들의이름을남기지말며사랑그이유의이름도논하지말며흔적조차남기지않는아늑한장소에서오직까닭없이서글픈그날그날이오면한잔의술이그리운것보다더꼴릴때가있다

* 황령산 : 부산광역시 남구, 수영구, 연제구, 부산진구에 걸쳐있는 산

내 안에 있는 것

내 몸속에 벌레 한 마리가 있다. 아침, 그 놈은 위장에 머물고 있었다. 그 놈이 원하는 것이 뭔지 안다. 그 놈은 유람을 하듯이 혈관을 따라 이곳저곳을 누비다가 오후 때가 되서 위장으로 되돌아 왔다. 난 그 놈이 원하는 조건을 들어 주었다. 배가 불룩 나올 정도의 많은 양의 음식을 섭취했다. 그러고 또 다시 놈은 십이지장과 뇌를 오가며 통증을 주었다. 머리와 배가 아파왔고, 현기증까지 느꼈다. 놈을 어서 빨리 내 몸 속에서 빼내야 한다. 저녁, 그 놈은 농성이라도 하듯이 나를 보챈다. 난 놈과 대치 중이다. 물 한 모금 마시지 않자, 놈은 내 내면을 축소시키기 시작했다. '한번 버텨 보겠느냐!' 구르륵 말한다. 안 되겠다. 놈은 나의 최대의 적이다. 다음 날도 약국에 들러 소화제를 사먹고, 놈의 근로조건 개선을 들어 주었다. 흡연도 하지 않고, 술도 먹지 않고 며칠이 지나자 놈은 거만하기 짝이 없다. 오만과 거만으로 지배하던 놈을, 다음 날 아침, 배를 움켜잡고 단번에 좌변기로 쏟아 내었다. 놈은 건더기 속에 선홍빛을 토한 채 질식사했다.

□ **해설**

말의 욕망, 욕망의 말,

이 호(문학평론가)

1.

김나인의 시는 시끄럽다. 시끄럽다니? 과연 말(言)의 사원(寺)이라는 시(詩)를 두고 시끄럽다고 말해도 되는 것일까? 만일 이 언표에서 불쾌와 참람(僭濫)을 느끼는 사람, 시를 통해 정갈하고 정제된 언어미학의 세계를 여행하고 싶은 사람, 정돈되고 가지런한 호흡 속에 은은히 펼쳐지는 사유의 편린을 맛보고 싶은 사람들은 이 시집 읽기를 중단하는 편이 나을 듯하다. 그러나 그윽한 사찰의 풍경 소리, 목어 소리만 아름다운 것은 아니라고 믿는 사람, 왁자한 소음 속에서도 들을 만한 소리란 따로 있게 마련이라고 생각하는 사람이라면 일단 김나인의 언설들 속으로 들어가 보는 것도 좋으리라.

그의 시는 그 들끓는 시끄러움 속에서 뭔가 중요한 것이 말해지고 있는 편이다. 그 소리를 듣기 위해선 먼저 상당히 집중해야

한다. 시끄러운 소리들의 중첩 가운데서 중요한 소리를 찾아 듣는 일은 여간한 귀명창에게도 쉬운 일은 아닐 터이다. 게다가 이러한 소음들은 시의 리듬이나 어조는 물론 시적 형태와도 연관되어 있으며 의미론적으로도 관련되어 있다. 그의 시어들이 고도로 압축된 어휘들처럼 보이지 않고, 이미지들이 풍부한 시어들은 아닌 것처럼 보여 가독성(readability)은 높아 보이지만, 그렇다고 가해성(legibility)마저 높은 것은 아니다. 오히려 그의 시의 가해성은 매우 낮은 편이어서 암호로 이루어진 방에 초대장 없이 들어선 기분마저 느끼게 한다.

따라서 그의 시를 표면에 노출된 시어의 의미들을 해독해 가는 방식으로, 가지런한 논리의 배열로 쫓아가려해선 의미파악이 어려울 뿐만 아니라 김나인 시의 참맛을 느끼기도 어렵다. 김나인의 시를 읽는 데는 여러 가지 장애물들이 도처에 널려 있어 좀처럼 시의 빗장을 풀고 그 안으로 발을 들여 놓기가 쉽지 않다. 그 아우성치는 소리들 속에서, 그리고 시인이 의도적으로 베푼 불친절과 거칠음, 비약과 격절 사이로 읽기를 계속해 가는 일에 익숙해지는 것이 그의 시를 읽기 위한 첫 번째 준비물이다.

김나인 시인에게 시는 리드미컬한 가락, 상큼한 이미지적 수사, 참신한 은유의 말잔치가 배설된 언어의 장치물이 아니다. 그의 시는 매우 직설적이다. 그의 시는 거칠고, 시어도 매우 적나라하며 호흡이 빠르고 성조(聲調, inflection)가 투박하며 또 한편 장광설이다. 조탁된 시어를 구사하는 것이 좋은 시라는 통념에 비춘다면 미덕을 갖춘 시라고 말하기가 어려워진다. 직설적이면 의미파악은 쉬우리라는 독자의 기대지평을 또한 배반한다. 그래서 다시 한 번 읽어보지만 거친 시어만이 또 눈에 밟힐 뿐 무엇을 말하고자 하는지 알기 어렵긴 매한가지다. 시제(時題)와 내용의 간격도 커서 그 사이를 메우기가 쉽지 않다. 물론 그 간격을 메우는 것은 전적으로 독자의 몫일 것이다.

그렇다면 그의 시를 읽는 데는 뭔가 다른 관점, 혹은 다른 독법이 필요한지도 모른다. 시인이 단단히 걸어둔 빗장을 풀기 위해선 우린 나름의 방법을 요청해야만 한다. 망치를 들고 철학을 해야 한다는 사람도 있었지만 어쩌면 우리는 사시미 정도의 정교함은 가지고 김나인의 시를 읽어가야 할지도 모르겠다. 시인이 말한 것(말해 진 것), 시인이 말하려던 것, 시인이 말하고 싶었지만 끝내 말하지 못한 것, 말했지만 여전히 남겨진 것들(잔여물)을 발견하고 공명하는 데는 일용할 양의 인내가 필요하고 그 인내를 격려하고 견인하기 위해 이 사족에 가까운 해설은 쓰여진다.

2.

김나인의 시를 읽을 때 부딪히게 되는 장애들은 먼저 시각적으로 발견된다. 가장 먼저 눈에 두드러지는 특징은 연을 구분하지 않는 통짜배기 시들이 많다는 형태상의 특징이다. 단정한 연과 행의 구분은 고사하고, 띄어쓰기를 전혀 하지 않은 시, 갑작스레 등장하는 옆으로 누운 사체(斜體, 이탤릭체)까지도 시 읽기를 방해한다. 이를테면 이런 식이다.

우리도 언젠간 들에서 철저히 잊혀져간

애기골무꽃 그 이름과 간혹 찾아 불려지는 것이라서
장미꽃의 붉음보다 요다지 외롭게 지상에 팔리겠지만
상사화처럼 제 가슴의 체온을 비비며

재래시장 좌판에

어떠한 꽃이 되었든

암사마귀의 식성과 같이

배를 곯고 앉아

풍경風磬을 읊는 갈바람에도 어여삐 불려졌던가?
이제는 사랑도 검붉은 피가 솟지 않으면 하지 않으리
계절階節이 자알 닦이면 은둔 빛에서 벗어나
비자나무 벚꽃나무 봄에 자알 빚으면
몸과 마음에 구족계具足戒를 익혀두어
이르면 사랑의 풍월도 전설인 다음에야
햇볕에도 나풀거리는 만삭의 몸으로 출가를 하리

—「담배꽁초를 바라보다가 문득」 전문

위 시의 제목은 「담배꽁초를 바라보다가 문득」이다. 먼저 제목과 시의 내용이 쉽게 연결되지 않는다. 담배꽁초를 바라보다가 문득 위와 같은 내용의 생각을 했다는 말일까? 그렇더라도 시의 내용과 담배꽁초를 바라보는 일은 별로 연관성이 없어 보인다. 게다가 중간에 갑자기 등장한 이탤릭체의 4행인지 4연인지 모를 부분은 무엇인가? 그 부분을 건너뛰고 읽어도 시는 연결 되는 듯도 한데, 한편 연결이 잘 되지 않는 듯도 하여 주의 깊게 다시 읽어보지만 그 부분이 무슨 연결을 제공하기는커녕 도리어 더 탈맥락화된 느낌을 준다. 게다가 생소한 식물명들이나 풍경(風磬), 계절(階節-무덤 앞에 평평하게 만들어 놓은 땅)이나 구족계(具足戒-비구와 비구니가 지켜야 할 계율)같이 어려운 한자어 자체가 가독율을 매우 낮추고 있어 시의 의미에 접근하기란 용이치 않다. 한마디로 친절하지 않은 시, 빗장이 걸린 시인 것이다.

이런 특징은 의도된 것이다. 그의 시 안으로 걸어 들어가는데 겪는 어려움은 그가 말하면서 동시에 감추는 방식으로 시를 쓰고 있기 때문에 발생한다. 그는 무엇인가를 말하면서 동시에 감춘다. 시인은 정말로 불친절하거나 아니면 부끄러움이 많다. 어쩌면 부끄러움을 감추기 위해 거꾸로 거칠음과 퉁명스러움, 불친절을 가장하고 있는지도 모른다.

시인이 의도하는 것은 불친절 뿐만이 아니다. 그는 또 한편 시어들 사이로 불쾌함과 징그러움을 느끼게 하는 손을 불쑥 내민다. 이질적이고 흉물스러운 단어가 시어들 사이에서 천연덕스레 놓여있다. 예를 들어 '다음 날 아침, 배를 움켜잡고 단번에 좌변기로 쏟아 내었다. 놈은 건더기 속에 선홍빛을 토한 채' (「내 안에 있는 것」), '수술대 위에 올려진 고환' (「까치밥 하나」), '난 매일 밤 여자를 바꿔가며 섹스를 한다' (「창녀」), '저년, 저년 가랑이 골반에 코뼈가 바스라질 정도로 누워' (「슬픔은 어디서 오는가」), '수챗구멍으로 사정한 기름 덩어리들 뿐' (「점심을 먹다가」), '광부의 똥구녕…내게 남은 것이라고는 불알 두 쪽과 막대기 하나' (「전당포」) 와 같은 구절들이다. 이런 원색적인 시어들은 독자에게 불편함을 주게 마련이고 그것은 적절하게 시적효과를 거둔다. 그것은 낯설게 하기(defamiliarization)다. 낯설게 하기란 자동적이며 습관화된 틀 속에 갇혀 있는 우리의 지각과 일상적 언어의 세계로부터 벗어나기 위해 자동화된 일상적 인식의 틀을 깨고, 낯설게 하여 사물의 본래 모습을 찾아주려는 문학적 장치다. 시인이 뭔가를 말할 것이라는, 시는 예쁘고 소담스러운 것이라는 기대지평을 배반하는 것이다. 이처럼 시인이 감추는 방식으로 말하기, 흉물스러운 단어들을 내밀기는 모두 낯설게 하기의 장치들이라고 볼 수 있다.

내 몸속에 벌레 한 마리가 있다. 아침, 그 놈은 위장에 머물고 있었다. 그 놈이 원하는 것이 뭔지 안다. 그 놈은 유람을 하듯이 혈관을 따라 이곳저곳을 누비다가 오후 때가 되서 위장으로 되돌아 왔다. 난 그 놈이 원하는 조건을 들어 주었다. 배가 불룩 나올 정도의 많은 양의 음식을 섭취했다. 그러고 또다시 놈은 십이지장과 뇌를 오가며 통증을 주었다. 머리와 배가 아파왔고, 현기증까지 느꼈다. 놈을 어서 빨리 내 몸 속에서 빼내야 한다. 저녁, 그 놈은 농성이라도 하듯이 나를 보챈다. 난 놈과 대치 중이다. 물 한 모금 마시지 않자, 놈은 내 내면을 축소시키기 시작했다. '한 번 버텨 보겠느냐!' 구르

륵 말한다. 안 되겠다. 놈은 나의 최대의 적이다. 다음 날도 약국에 들러 소화제를 사먹고, 놈의 근로조건 개선을 들어 주었다. 흡연도 하지 않고, 술도 먹지 않고 며칠이 지나자 놈은 거만하기 짝이 없다. 오만과 거만으로 지배하던 놈을, 다음 날 아침, 배를 움켜잡고 단번에 좌변기로 쏟아 내었다. 놈은 건더기 속에 선홍빛을 토한 채 질식사했다.

—「내 안에 있는 것」 전문

이 시에서 '나의 최대의 적' 이라고 불리운, '놈' 은 무엇을 말하는가? 그것은 실체로서의 기생충이나 배설물이 아니다. 그것은 식욕도 아니다. 식욕으로 해석하게 되면 의미가 축소되고 '소화제를 사먹고' 란 부분과 충돌을 일으킨다. 그러나 그 놈이 무엇인지를 말하지 않고 해석의 공간을 넓게 유도하는 방법, 그것이 또한 김나인이 구사하는 낯설게 하기의 전략이다. 위와 십이지장, 뇌를 오가며 화자에게 통증과 현기증을 유발시키고 근로조건 개선을 요구하며, 오만과 거만으로 지배하는 놈. 그것은 거시기(들뢰즈—그것ca)[1]이다. 어디서나 자동하는 그것, 거시기를 시인은 이런 식으로 낯설게 하여 표현하고 있는 것이다.

그러고 보면 시인이 의도한 의미전달을 방해하는 장치들도, 흉물스러운 시어도, 행과 연의 가지런하지 않음도 모두 낯설게 하기의 장치란 것이다. 물론 낯설게 하기를 사용했다고 해서 그

---

1) 이 용어는 들뢰즈의 용어다. 영역에서는 id, 독일어역에서는 Es 라고 옮기고 있다. 프로이트의 개념인 id를 말한다. 들뢰즈 · 가타리/최명관 역, 『앙띠 오이디푸스』, 민음사, 1994, p15.

자체로 정당성을 확보하거나 상찬될 수는 없다. 그렇다면 이 낯설게 하기는 왜 이용되고 있으며 어떤 효과를 거두고 있는지, 그것이 어떤 의미를 획득하고 있는지 살펴보아야 한다.

3.

시란 것이 본디 변죽을 울리고 낯설게 하여 의미해독을 지연시키는 장르라 하더라도 김나인의 시를 읽는 즐거움은 '아! 이것을 말하려는 거였구나' 라는 의미전달과 소통의 즐거움을 누리는데 있지 않다. 필자가 보기에 그의 시는 의미를 파악하려 들 때 정체를 드러내는 시는 아니다. 설령 어렵사리 의미포착에 성공했다 하더라도 그것은 별 의미가 없어 보인다. 김나인의 시편들은 어떻게 보면 무의미함의 변주곡들에 해당한다. 그럴 경우 억지로 그 무의미들을 해석하려하기보다는 그 변주곡을 즐기는 편이 낫다. 무의미함의 변주, 그리고 변주된 무의미함의 시.

그래서 우리가 의미의 해독과 시적 소통을 위해 읽어가다가 맞닥뜨리게 되는 것은 시 속의 어조(tone)와 음성(voice)들이다. 그의 음성은 단순한 모노톤이 아니다. 그것은 매우 거칠고, 시끄럽고, 한 사람의 목소리가 아닌 여러 목소리들의 와글거림으로 가득 차 있다. 그것은 마치 바흐친이 소설적 언설을 분석하면서 톨스토이의 소설을 하나의 목소리가 지배하는 단성성(monophony)으로, 도스토예프스키의 소설은 여러 가지 목소리들이 서로 대화하면서 공존하는 다성성(polyphony)으로 분석했던 장면을 떠올리게도 한다.

하늘산 딴에는 번지 —

향기 알리섬꽃도 수줍음 ①욶이 나풀거리면

앵초꽃리 하늘산 딴번지입니다

북간도北間島로 향한 이들의 ②주소고요,

…〈중략〉…

③너무외롭고쓸쓸하여막걸리를먹고취하지않으면미칠것이다

로 흘러 투쟁 무리에 ④합류한다

배춧잎 맛이 있다

누군가 광화문 어느 곳이냐 묻는다면,

⑤가본적은없지만많이본기억은있는것같습니다

…〈후략〉…

—「민달팽이노래기목」 부분

①은 의도적으로 비표준어를 사용하여 토속적 목소리를 꽃, 수줍음, 나풀거림 사이에 넣었으며 ②의 '주소고요'는 마치 동요, 어린아이의 음성을 취한다. ③은 갑자스레 띄워쓰기를 하지 않아 막막함이나 답답함을 표현하고 있는 목소리인데 ④는 시적화자의 서술자적 목소리이다. ⑤는 불확실하면서도 깍뜻한 어조를 취하고 있다. ②, ⑤는 대상에게 말하고 있는 대화체의 언술양식이며 ③은 독백, ④는 시적 언술이다. 하나의 시에서 계속적으로 변주되고 있는 목소리들은 서로 엇갈려 들며 집중을 가로막는다.

①이 보소, 아주머니, 탁주 한 잔 그리워 왔소

소금을 흩뿌려 놓은 밤하늘의 쪽지를

바지 주머니에 구겨 넣고

나의 짧은 기억에 남도南道의 촌구석엔 아직도

후모後母를 내쫓은 무지렁이 자식의 횡포가 간간히 들려오오

쫓겨난 후모는 늙은 갈보가 되어

까마귀처럼 쫓기다가 ②주검이 되었다지요

…〈중략〉…

이보소, 아주머니! 병치레하는 이 놈에게 탁주 한 잔 따라

주오

③*이놈의 세상은 빽 아니믄 빌어먹구 살기 힘들어! 가난한 놈은*

늘 가난에 찌들어 살구, 있는 놈은 법 위에서 먹구 사는 듸,

중생은 죽어서도 삼살방만 말하는듸, 죽어서나 편캐 살려구…

…〈중략〉…

④그래도 한 잔 따라주려는 아주머니를 보니

중생의 심성으로 보아 흩뿌려진 풀길을 짓밟으며 집으로 ⑤향하겠지

중생의 머리로 보아 내가 저지르고 간 행위들을 헛것으로 ⑥기억하겠지

중생의 주머니 사정으로 보아 외상을 긋는 날 늘 ⑦그런다지?

—「화장골 충북집 탁주 속에 달이 빠졌다」 부분

①은 막걸리집 여주인에게 하는 말을 건네는 털털하면서도 시원한 소리다. ②는 그와 달리 갑자기 간접적인 사실을 확인하는 어투, 이탤릭체로 된 ③부분은 한이 서린 듯한 투덜거리는 목소리, ④는 시적화자의 언술 ⑤와 ⑥은 추측성의 독백어투, ⑦은 되묻는 듯한 어투다. 다시 정리하면 ①, ②, ⑦은 대화체의 양식, ③, ⑤, ⑥은 독백체의 어투, ④는 시적화자의 언술이다. 물론 같은 대화체도 각각 음색이나 어조에 차이가 있다. 우리는 그의 시에서 이런 다양한 목소리들의 공존을 자주 발견할 수가 있는데 「무량사」에서 갑작스레 등장한 '나아미타불 관세음보살 나아미타불 관세음보살' 이나 「167회 정월 대보름」에서 지속적으로 나타나는 '임금님 귀는 당나귀 귀!' 라는 언설 등도 그러한 소리들의 끼어듦이다.

말해지지 않은 것, 말하지 못한 것으로 하여 시인은 자신의 목소리를 그 자신이 인위적으로 구성한 시끄러움 속에 살짝 풀어놓는다. 더러운 것과 순결한 것을 폭력적으로 결합시키며, 행과 행 사이의 격절, 비약 사이 어딘가에 슬쩍 뱉어놓았지만 감춰진 소리, 시인의 육성인 체하며 교묘하게 담론의 배후에 숨어서 독자에게 미치는 모든 효과를 수행하는 목소리. 시작자(詩作者)로서의 시인이나 시적화자와 같은 표면적 발화자와 관계없이 그것들 너머에 존재하며 시 전체의 특성을 결정짓는 여러 개의 발화주체들, 즉 목소리들이 어울리고 있는 것이다.

그 목소리들은 말해진 것으로서의 언어 이전의 무엇이다. 그것은 내용과 발화자의 의도가 뚜렷한 목소리이기 이전에 음성 그 자체이다. 음성학이 억압했지만 결코 굴복시키지 못한 동물의 소리, 자연의 소리, 낙원의 소리다. 그런 소리는 상징계[2]의 지배와 증오를 벗어나 몸으로 말을 하는 웅얼거림이고 욕망의 중얼거림이다. 시인의 말을 빌자면 '잘잘좌—알 자알잘잘좌—알'(「무량사」), '조잘조잘'(「나비」, 「사랑은 때론 용언에 붙고 싶다)이다.

이 시끄러운 소리들은 이처럼 말이 억압한 음성을 되찾아 주려고 웅얼대고, 소리 지르고 있는 것이다. 그것은 언어 이전의 소리를 지향하지만 결국은 언어의 외피를 입으면서 언어의 양식인 시 속에 담기고 있다. 그런 소리들은 알아들을 수 없기 때문에 오히려 강력한 힘을 갖는다. 음성은 바로 그것(The Thing)이 된다. 그것은 말의 흔적, 여분이다. 바르트식으로 말하자면 음성의 알갱이(grain of the voice)다. 우리는 그 목소리들 가운데 하나를 갈라내어 듣기도 하고, 그 불협화음처럼 들리는 소리들을 전체의 하모니로서 들을 수 있어야 한다. 그의 시는 불협화를 이루는 오케스트라의 연주와 같다. 그것은 시장판의 시끄러운 소리 같기도 하고 논바닥의 개구리 울음 소리 같기도 하다. 그런데 그 소리는 전부 들끓는 소리들이라는 점에서 동일하다. 때론 애절하고, 때론 씩씩거리고, 때론 흐느끼면서 읍소하는 그 소리들은 무엇 때문에 들끓고 있는가? 그것은 욕망 때문이다. 어떤 욕망인가? 시인의 욕망의 내용은 무엇인가? 누가 욕망의 그 다양다변한 모습을 말할 수 있단 말인가? 굳이 말해야 한다면 그것

2) 시인의 표현대로 하자면 메디컬 센터의 삶이다(「4월의 장터」).

은 말에의 욕망이다. 말하고 싶은 욕망이며, 발설하고 싶은 욕망이 거꾸로 자신의 과도한 넘침(잉여)를 감추게 하고 또 다양한 목소리들을 불러 모으기도 하고 음성 너머를 지향한다. 말에의 욕망이 욕망의 말을 짓게 한다.

4.

인간은 호모 로켄스(Homo Loquence), 즉 언어적 존재라고 한다. 주지하다시피 인간존재와 언어를 나누어 생각할 수 없다. 언어는 곧 사회이며 문화이고 인간존재의 본질적 속성이다. 또한 인간은 욕망하는 존재다. 인간은 끝없이 어떤 대상(대상 a)을 욕망하게 마련이고 이 욕망은 결코 '절대충족'을 모른다. 그렇다면 언어와 욕망은 인간 존재 안에서 어떤 관계를 형성하고 있는가? 질문을 바꾸어서 시인으로 하여금 시를 쓰게 하는 동력은 무엇일까? 도대체 왜 아무 것도 쓰지 않고, 말하지 않고 무엇인가를 말하며 또 쓰는가? 시인이 자신의 욕망을 말하는 것일까? 욕망이 시인으로 하여금 말을 하게 하는 것일까? 그도 아니면 말의 욕망이 시인을 통해 욕망의 말로 존재하기 위해 시인을 필요로 하는 것일까? 그렇다면 인간의 모든 발화는 욕망의 발현이며 동시에 시 역시도 욕망의 소산이다.

그것은 넓게 말해 소통에의 욕망이다. 그 소통에의 욕망은 여러 목소리들로 자신을 외현화시키면서 자신의 자리를 찾아 그러나 기실 모든 발화는 소통을 목적으로 한 시도, 의도의 산물이지만 거꾸로 발화는 뭔가를 감추고 있으며 말해지지 않은 부분, 잔여물을 남기게 마련이다. 어떨 때는 거꾸로 말해진 것 이

상을 말하기도 한다. 뿐만 아니라 상대와의 소통을 의도한 대화도 언제나 빗나간다. 이 거듭된 빗나감에 좌절한 자는 자신의 전언을 아무에게나 흩뿌리는 대신 자신만의 언어세계를 인코딩한다. 흔한 소통에의 꿈 대신 은밀한 소통을 꿈꾸는 것이다. 이 밀어는 일반적인 소통양식에서는 소통되지 못하지만 그 밀어를 알아들을 수 있는 자들에게는 그들만의 유대감 형성과 통했다는 즐거움을 선물한다. 뿐만 아니라 그 밀어 소통의 과정에서 인코딩과 디코딩의 즐거움은 물론, 그 해독을 둘러싼 과정 속에서 자신과 세계는 더욱 의미로 풍부하게 되는 것이기도 하다. 김나인의 시도 결국 그런 메커니즘의 산물이다.

그러나 그 거침없는 언설들 뒤로 주저하는 듯한 인상, 신호등이 켜졌는데도 건너기를 망설이는 듯한 느낌을 받게 되는 것은 아직 시인이 자신 내면의 다양한 목소리들의 비명/웅얼거림에 대한 자의식적 확신이 없는 것은 아닌지 하는 우려를 갖게 하는 대목들도 있다. 김나인의 시가 그 다양한 목소리들을 더욱 깊고 다양하게 만들어 나갈 것인지, 아니면 그 들끓음을 잠재우며 하나의 통일자적 초월의 목소리를 갖게 될 것인지는 아직 미지수다. 아직 말해지지 못한 것이 많이 남았음을, 말이란 끝내 다 말해질 수 없다는 점을 기억하면서 김나인의 시집을 기대하면서 행보를 지켜보는 즐거움이 또 우리의 몫으로 남아 있다.